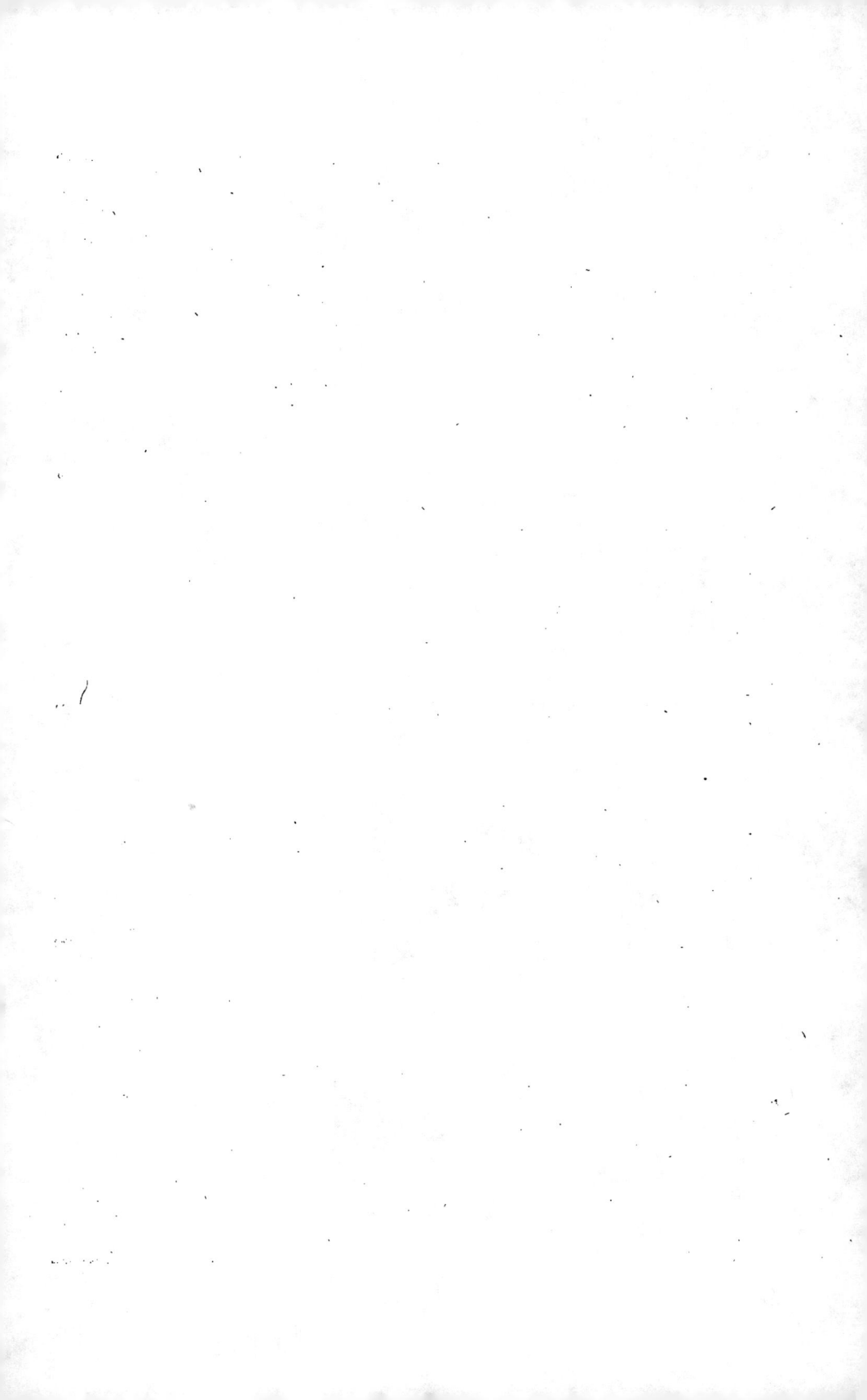

ARREST,

TRANSACTION,

PLAN FIGURATIF,

ET OBSERVATIONS.

POUR LES COMMUNAUTÉS

de Sessins, Fontaine & Sassenage,
en Dauphiné ;

SERVANT A DEMONTRER QUE LE CANAL
actuel de la riviere du Drac a été formé sur leur Territoire, que
tout nouveau Canal est inutile & proscrit ; que le Canal oblique
proposé par les Sieurs Jomaron & Fayole seroit aussi contraire
à la ville de Grenoble, que ruineux pour ces trois Communautez
& dispendieux pour Sa Majesté ; Enfin que le seul moyen de
contenir le Drac dans son ancien Canal & d'empêcher ses irruptions, c'est d'entretenir & fortifier les Digues & Chaussées
qui forment ce Canal.

1740.

~~1696.~~

V. falconer 19729

12309

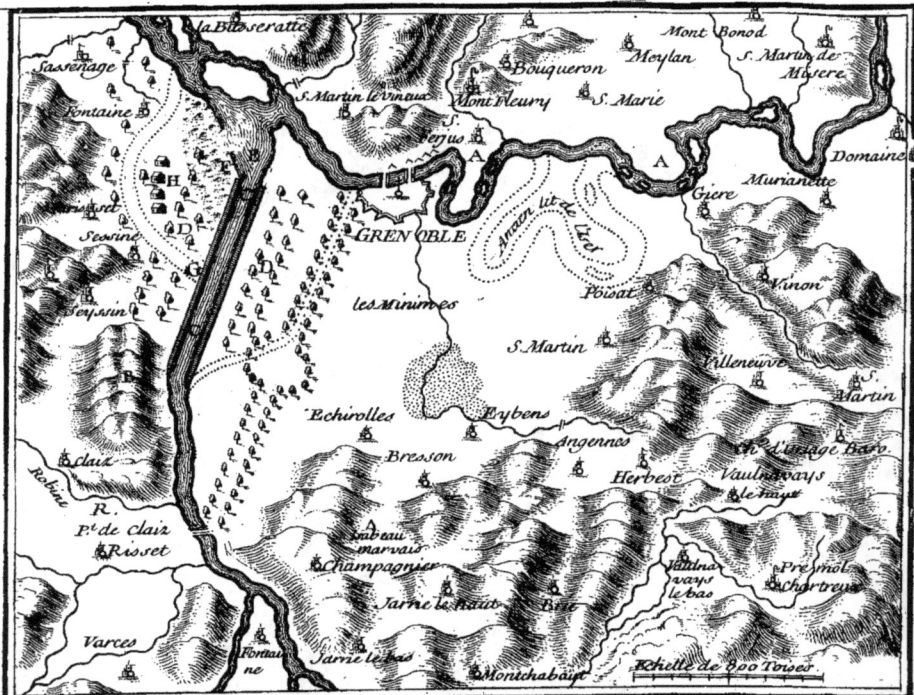

la Busseratte

Sassenage

Mont Bonod

Meylan

S. Martin de Misere

Bouqueron

Fontaine

S. Martin le Vineux

Mont Fleury

S. Marie

Seyssus

Domaine

H

Gieze

Murianette

D

Seissine

GRENOBLE

Ancien lit de l'Iser

A

F

Vinon

les Minimes

Poisat

Seyssin

S. Martin

Villeneuve

R.

Claix

Echirolles

Eybens

S. Martin

Risset

Bresson

Angennes

Ch. d'usage Bas

Herbest

Vaulnavays le haut

Pt. de Claix

Risset

S.beau marvais

Champagnier

Vaulnavays le bas

Presmol Chartreus

Varces

Jarrie le haut

Brie

Fontaine

Jarrie le bas

Montchaboud

Echelle de 800 Toises.

A. Presqu'Isle ou sinuosités plus elevées que la ville de Grenoble, d'où procedent ses inondations dans les plus grandes crües d'eau.

B. Montagne du sault du Moine qui rejettoit le Drac sur la ville de Grenoble et où commence le Canal Jourdan fait en Execut.ˢ de l'Arrest et de la transaction de 1493.

C. Canal du Drac apellé canal Jourdan construit en droite ligne sur le territoire des Communautés a 800 toises de celui de Grenoble.

D. Terrain de 120 T. de largeur de chaque côté du Canal

aparten.ᵗ aux commun.ᵗⁱ et mis en reserve en 1698.

E. Arches en pierre revetuës et recourbées détruites depuis 1737 comme rebelles et causant le reflux du Drac.

F. Nouvelles Arches en evasem.ᵗ de 55.ᵀ au lieu de 25 a travers desquelles l'eau du Drac a filtrée et a causé la premiere inondation du mois d'Octobre 1739.

G. Breche faite par le Drac lors de son irruption du 4 Décembre 1739 par laquelle il est sorti de son lit et continué de couler a travers le territoire des Communautés.

H. Maisons inondées des Communautés.

OBSERVATIONS

Contenant l'explication du Plan figuratif du Torrent du Drac, & la démonstration de l'inutilité du nouveau Canal proposé par le projet de décision du 28 Janvier 1740. dressé sur les Cartes du Drac, & sur le Mémoire rélatif du Sieur Jomaron envoyé le 10 du même mois.

SUr la communication donnée de ce projet par le Sieur Jomaron aux Communautés de Seiſſinet, Fontaine & Saſſenage le 24 Février 1740. les Habitans de Fontaine & Saſſenage ſe font aſſemblés par ſon ordre le 25, & ont déclaré qu'ils ſont prêts de fournir le terrain ſuffiſant pour le nouveau Canal dans l'endroit le moins dommageable, s'il eſt jugé néceſſaire pour la ville de Grenoble.

Mais ils ont obſervé, 1°. que l'on ne doit pas juger de la néceſſité de ce nouveau Canal ſur le ſimple rapport du Sieur Fayole (en préſence duquel le projet de déciſion du 28 Janvier 1740, a été formé.)

2°. Que l'allignement irrégulier qu'il veut donner en circuit au nouveau Canal projetté au milieu de leur territoire, prouve que la vûç

A

du Sieur Fayole est de perdre sans nécessité le territoire de ces Communautés.

3°. Qu'il n'y a eu aucun changement à l'embouchure du Drac dans l'Isere depuis la décision du Conseil de 1737, étant justifié par le nivellement que les Communautés ont fait faire que depuis trente toises au-dessus de la bréche que le Drac a faite à leur digue le 4 Décembre 1739. jusqu'à quarante toises au-dessous, il y a huit pieds huit pouces de pente, ce qui est plus que suffisant pour un Torrent aussi rapide que le Drac.

4°. Que la digue du côté de Grenoble est insurmontable, quelque élévation que puissent avoir les eaux.

Pour porter au plus haut dégré d'évidence ces observations, & les faits & refléxions contenues dans leur Requête présentée à Sa Majesté, les Communautés ont rapporté deux Arrêts du Parlement de Grenoble de 1460. & 1498. la Transaction passée en conséquence avec cette Ville ; un Arrêt du Conseil du 23 Juillet 1604. & le Plan figuratif de l'état actuel du Canal & du cours du Drac.

Il résulte de ces Arrêts & de cette Transaction deux vérités décisives.

La premiere est que l'irruption du Drac de 1460. qui a donné lieu à la construction de l'ancien Canal de ce Torrent sur le territoire des Communautés, fut causée par la résistance du

Saut du Moine au cours de ce Torrent, qui se recourbant vers le Roc, & étant rejetté par ce choc vers la plaine, sortit alors de son lit & se répandit à travers cette plaine jusqu'aux murs de la ville de Grenoble.

La seconde est, qu'il fut alors reconnu par le Parlement, par les Habitans de Grenoble, & par tous ceux qui furent commis pour designer le lieu du Canal du Drac, que ce Canal devoit être tiré *en droite ligne*, & non obliquement, ni en circuit, & que c'étoit le seul moyen d'éviter les irruptions & les épanchemens de ce Torrent, ce qui fut executé par la construction de ce Canal commençant au Saut du Moine, & continuant *en droite ligne* jusqu'à l'embouchure du Drac dans la riviere d'Isere.

Les mêmes vérités décisives résultent aussi du plan figuratif de l'état du Canal & du cours du Drac.

Suivant ce plan, la riviere d'Isere forme au-dessus de la ville de Grenoble deux sinuosités ou presqu'Isles, lesquelles étant plus élevées que cette Ville, causent ses inondations dans les plus grandes crûes d'eaux, parce que cette riviere heurtant fortement contre la seconde sinuosité, qui est sous la lettre A, reflue nécessairement sur elle-même, s'éleve & sort de son lit, pour se répandre dans le terrain opposé, d'où elle se jette par une suite nécessaire dans la ville de Grenoble; ce qui est évident & notoire.

A ij

Sous la lettre B eſt le Saut du Moine, au-deſſous du Pont de Claix, où aboutit le cours de la ville de Grenoble.

C'eſt vis-à-vis ce Saut formé par un Roc, où le Drac venant à heurter & refluant par le choc ſur lui-même, s'épancha en 1460. & inonda la plaine de Grenoble, parce que la rapidité de ce Torrent eſt ſi grande, que ſon cours & ſa direction ſont naturellement inclinés à porter ſes eaux *en droite ligne;* en ſorte que le moindre obſtacle qu'elles rencontrent les repouſſe ſur elles-mêmes, & donnant à ce Torrent une nouvelle force, il s'élève ſur ſon propre volume, ſort de ſon lit, ſe jette par l'endroit le plus foible de ſes bords ſur le terrain voiſin, & s'y forme un Canal auſſi droit que celui qu'il quitte.

C'eſt ce qui arriva en 1460. comme il eſt prouvé par les Arrêts & Tranſaction joints au plan du Drac, & ce qui détermina à former à ce Torrent un Canal *en droite ligne,* ſur le territoire des Communautés de Seiſſinet, Fontaine & Saſſenage à 800 toiſes du terroir de la ville de Grenoble, qui s'étend peu au-delà du cours de cette Ville.

Ce Canal, qui eſt encore appellé le Canal *Jourdan,* eſt ſous la lettre C du plan, il fut formé par deux digues ſoutenues de chauſſées, pour la conſervation deſquelles il a été ordonné en 1698. que le terrain des deux côtés qui appartient à ces Communautés demeureroit en réſerve dans la

largeur de 120 toises de chaque côté, & c'eſt
ſur ce terrain réſervé (marqué dans le Plan par
la lettre D) que ſont accrûes des brouſſailles, &
pluſieurs arbres & bois, dont les Entrepreneurs
des ouvrages du Drac ſe ſont emparés, & ont
coupé pour 8000 liv. de bois outre 60000 faſ-
cines, au préjudice des Habitans de ces Communautés, & ſans faire aucunes réparations à
leur digue.

Sous la lettre E. du Plan du Canal du Drac,
eſt vers ſon embouchure dans l'Iſere, le lieu où
avoient été conſtruites à l'extrémité du Canal &
du côté des Communautés, des arches en pierre, leſquelles avoient été revêtues & recourbées
en dedans de ce Canal.

Tant que le Canal du Drac a ſubſiſté en cet
état, & en le contenant & reſſerrant par les réparations faites des deux côtés, ce Torrent n'a fait
aucune irruption, parce que coulant *en droite ligne*,
depuis le Saut du Moine juſqu'à ſon embouchure, il ſe baliſoit par ſa propre rapidité ; mais
comme vis-à-vis les arches qui formoient le recourbement du côté des Communautés, il n'y
avoit rien du côté de la Ville de Grenoble qui
pût contenir & reſſerrer auſſi le Drac, ce Torrent venant à s'épancher dépoſoit quelques graviers près ſon embouchure.

C'eſt à cette occaſion, & encore ſous prétexte
de l'inondation cauſée en l'année 1733. par la
Riviere d'Iſere dans la Ville de Grenoble ; que

le Sieur Fayole a ofé propofer de former au Drac
un nouveau Canal oblique & en circuit au
milieu du Territoire des Communautés; mais,
comme le Confeil a rejetté en 1737. ce projet
comme inutile, pernicieux & trop difpendieux,
le Sieur Fayole qui ne peut perdre de vûe ce
projet, s'eft préparé des moyens fûrs, mais peu
licites, pour forcer dans la fuite à l'adopter.

Dans cette vûe, il a fait détruire les arches
qui formoient le recourbement marqué par la
lettre E. du Plan du Drac, & il y a fubftitué d'autres arches non revêtues ni foutenues, ni affez
allongées. Il a formé aufli un évafement dans la
longueur de plus de 55 toifes en dehors du Canal; & par cet évafement, il a donné lieu à l'é-
panchement du Drac, & au dépôt de fes graviers
près fon embouchure.

C'eft aufli par cet évafement marqué fous
la lettre F. du Plan du Drac, que ce Torrent
qui a jetté tout fon volume & toute fon impétuofité le long de ces nouvelles arches, a filtré
à travers & dans la crue d'eau du mois d'Octobre
1739. il s'eft épanché & répandu fur le Territoire des Communautés, c'eft l'effet de la premiere inondation du Drac caufée par les nouvelles opérations du Sieur Fayole & des Entrepreneurs des ouvrages de ce Torrent.

Il étoit comme néceffaire que ce changement
produisît de plus funeftes effets, à chaquê
nouvelle crue d'eau, pour donner lieu au Sieur

Fayole de fe plaindre de la rejection de fon projet pour un nouveau Canal , & pour acquerir de la fureur du Drac, ce que l'équité du Confeil & l'évidence de l'injuftice du fyftéme du Sieur Fayole, lui ont refufé en 1737. c'eft ce qui eft arrivé dans la feconde inondation du 4 Décembre 1739. dont le fouvenir fera à jamais gémir les Communautés & leurs voifins.

Comme les Entrepreneurs avoient rompu pour le paffage de leurs voitures les glacis de la Digue des Communautés, le Drac continuant de couler entierement le long des nouvelles arches conftruites en évafement, & de filtrer à travers ces arches, a ceffé de couler *en droite ligne*, vers fon embouchure , & parce que la rapidité de ce Torrent eft fi grande que lorfqu'il perd fa direction , il reflue fur lui-même; il s'eft enflé & fi fort élevé, qu'il s'eft épanché par deffus la Digue des Communautés, l'a forcée & rompue dans la longueur de plus de trente toifes , & s'eft formé par cette bréche qui eft fous la lettre G. un paffage affez grand pour porter toutes fes eaux dans leur Territoire ; enforte qu'il a totalement inondé & fubmergé leurs maifons ; & leur a caufé des dommages & des allarmes qu'il eft moins facile de décrire que de déplorer.

En effet , fi-tôt que Sa Majefté ou fon premier Miniftre ont été inftruits de cet événement par M. de Fontanieu , il a été délivré aux Communautés 2000 liv. pour les aider à se réparer; mais le Sieur Fayole & les Entrepreneurs des ouvrages du Drac, peu sensibles à la ruine des Communautés, n'ont pas tardé de leur rendre ce secours inutile, par les défenses que le Sieur Jomaron leur a faites le 13 Janvier 1740. *de se réparer sous peine d'amende & de prison.*

Mais, ce qui a porté le désespoir dans le cœur de ces Communautés désolées, c'est la notification qui leur a été faite le 24 Février 1740. du projet de décision du 28 Janvier précédent, qui a été formé en présence du Sieur Fayole sur un Mémoire du Sieur Jomaron.

Par ce projet, on assure » que le mal n'est arri- » vé que par la faute des Communautés, & par » l'opiniâtreté avec laquelle elles se sont oppo- » sées au Canal projetté pour former un nou- » veau lit au Drac, & en conséquence on les » charge de déblayer à leurs frais l'encombre- » ment que ce Torrent a fait par sa derniere » irruption à son embouchure. *L'on porte cette* » *dépense à* 24750 liv. & l'on déclare que ce » n'est qu'à cette condition que les Commu- » nautés pourront faire usage des matériaux » qu'elles ont rassemblés *pour réparer la bréche de* » *leur Digue, & que jusques-là on les empêchera* » *d'y travailler.*

Et comme cette premiere partie du projet de décision, est contraire à celle du Conseil

de

de l'année 1737 qui a proscrit le projet & l'idée d'un nouveau Canal ; on a aussi assuré » que » les choses ne sont plus au même état, que le » Drac a tellement exhaussé son lit, qu'il sera né- » cessairement de nouvelles irruptions dans les » parties supérieures ; *ce qui est contraire à tou-* » *tes décisions*, & rendroit inutiles toutes les répa- » rations que les Communautés veulent faire au- » jourd'hui.

Sur ces suppositions du Sr Fayole, on a déclaré, » 1°. que si les Communautés trouvent la dépense » de ces réparations & du déblayement du Drac » trop fortes, en ce cas, le Roy viendra à leur » secours, *par l'exécution en partie du Canal projetté*, » qui sera fait à ses frais, *au milieu du terrain inon-* » *dé*, dans lequel les eaux mêmes ont marqué sa » direction, 2°. que les Communautés ne doi- » vent pas avoir grand regret à fournir ce ter- » rain *sans payement*, eu égard à l'état dans lequel » il est aujourd'hui, *& qu'ils se doivent l'imputer.*

En conséquence, le Sieur Fayole a été char- gé » de travailler *au projet de ce nouveau Canal*, » dont l'ouverture sera prise au même endroit » *où les eaux ont rompu les Digues*, pour les con- » duire au plus près que faire se pourra dans l'ali- » gnement tracé par la carte *pour le premier projet* » *du même Canal* ; & on a assuré que si cette der- » niere partie de la décision a lieu, *toutes les Di-* » *gues commencées dans la partie du cours du Drac* » *inférieure à l'ouverture deviendront inutiles*, & que

B

» les ordres feront donnés fur le champ pour
» faire ceffer tous travaux en cette partie.

Les réflexions, le nivellement, le Plan figuratif, & les Obfervations faites par les Communautés fur le Projet de décifion du 28 Janvier
1740. rendent fenfibles les fuppofitions du Sieur
Fayole qui font le fondement de ce projet.

Car, 1°. pourquoi imputer à ces Communautés l'oppofition à un nouveau Canal, dont le
Confeil a rejetté le projet en 1737, quand il eft
évident que ce projet feroit également inutile,
ruineux & trop difpendieux ? Pourquoi les char-
ger du déblayement du Drac, quand il eft dé-
montré que les Communautés n'ont pas touché
à l'ancien Canal de ce Torrent, & que ce qui a
caufé les inondations qui les ont défolés, c'eft
l'évafement donné depuis 1737. à la Digue de
ces Communautés, & les autres manœuvres des
Entrepreneurs ? Il eft donc injufte d'imputer à
ces Communautés le mal qu'on leur fait fouf-
frir, & de les empêcher de fe réparer, pour dé-
fendre leur vie & leurs biens.

2°. Si cet évafement a feul caufé les deux der-
nieres irruptions du Drac, ce qui eft évident,
parce qu'il a changé le cours *en droite ligne* de
ce Torrent : comment veut-on perfuader que le
nouveau Canal qu'on propofe de faire au-deffus
de cet évafement, & en circuit, au milieu du
terrain inondé, préfervera les parties fupérieures
des nouvelles irruptions du Drac ? Puifque ce

nouveau Canal ôtant à ce terrain toute la rectitude de son cours naturel, le forceroit à refluer sur lui-même, à s'élever & sortir de son lit pour s'épancher dans les parties supérieures ; de là même maniere que les nouvelles arches en évasement l'ont forcé à se répandre dans le Territoire des Communautés, à rompre leur Digue, & à submerger leurs maisons : il est donc contraire à l'équité de prendre *sans indemnité* le terrain de ces Communautés, pour y former un Canal, qui leur causeroit plus d'allarmes & plus de pertes que l'état actuel du cours du Drac.

Enfin, il est contre toute justice de rendre le Sieur Fayole & ses adhérans maîtres du sort des Communautés ; elles rapportent des titres & les preuves les plus convaincantes, que tout ouvrage & tout projet qui tend à empêcher de contenir & resserrer le Drac dans son ancien Canal & à lui conserver son cours *en droite ligne*, sera toujours pernicieux & contraire à l'objet des réparations ordonnées pour éviter les irruptions de ce Torrent ; il y a donc une contrariété manifeste entre la vérité résultant des Titres, du Plan & des justes réfléxions de ces Communautés, & les Projets, Cartes & suppositions du Sieur Fayole & de ses Adhérans. Il est par conséquent juste d'ordonner, qu'en présence de toutes les Parties interessées, les lieux seront visités, & qu'il en sera dressé un Plan figuratif pour déterminer les Ouvrages & réparations qui seront jugées nécessai-

res & plus propres à conferver la Ville de Grenoble, fans perdre les Communautés. C'est le
principal objet de la Requête qu'elles ont préfentée à Sa Majefté ; le fecond tend, à ce qu'il
leur foit permis de fermer la bréche de leur Digue, & d'employer les matériaux que le don de
2000 livres qui leur a été fait, les a mis en état
d'acheter ; ce qui ne peut leur être refufé.

Me GIRODAT, Avocat.

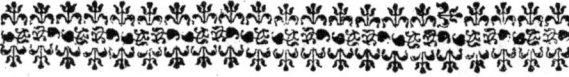

TENEUR

D'un Arrêt du Parlement de Grenoble de 1493. *concernant le décours de la riviere du Drac.*

A Tous foit notoire & manifefte que fur la Requête & plainte faite à la vénérable Cour Dalphinale, par homme difcret Claude Dubœuf Citoyen de Grenoble, Clerc de la Chambre des Comptes de Dauphiné, contre Jacques Roux prix-facteur & principal conducteur de l'eau du Drac, laquelle en plufieurs manieres a notoirement endommagé la préfente Ville de Grenoble & fon terroir; *enforte que préfentement elle coule pour la plus grande partie jouxte la Tour nouvellement conftruite des Freres Prêcheurs, laquelle eft ruinée & démolie par ladite Riviere;* (a) ayant ledit Dubœuf été commis & député au fujet d'un certain nouveau conduit de ladite eau nouvellement inventé par ledit Jacques Roux, ainfi que ledit Dubœuf Suppliant affure, par

(a) Depuis le Couvent des Jacobins de Grenoble, fis Place Grenette jufqu'au Canal actuel du Drac, il y a une demi lieuë de diftance.
Le Territoire des Communautés de Seiffins, Seiffinet & Fontaine, s'étend auffi jufques près du Cours, c'eft-à-dire, fur près de 800 toifes de largeur, à compter du Canal du Drac.

A

lequel conduit le Roux *prétend de divertir ladite eau du Drac du côté du terroir de Seſſins, & bien loin au-delà la limitation dernierement faite au cours de ladite eau*; de l'autorité de ladite Cour de Parlement, par les Conſuls & Communauté de ladite Ville de Grenoble, d'une part, & les Habitans de Seiſſins, d'autre; tous les intéreſſés en ce fait ayant été appellés, duquel nouveau conduit propoſé comme dit eſt par ledit Roux, pour la diverſion de ladite eau : Ledit Dubœuf diſoit recevoir préjudice en un ſien tenement & grangeage, terres, prez & bois par lui nouvellement acquis, *ſitué au-delà ladite eau du côté dudit Territoire de Seiſſins;* ce qu'il ſoutenoit ne devoir être fait, ni inſiſter à la conſtruction dudit nouveau conduit, ains plûtôt être ſupercédé, avec inhibition audit Roux de le continuer, & injonction qui lui ſera faite de travailler ailleurs, & de conduire ladite eau jouxte & ſuivant ladite limitation, & viſitation dernierement faite de l'autorité de la Cour; réquerant inſtamment ledit Dubœuf, qu'avant qu'il ſoit procédé plus outre, le ſuſdit lieu ſoit viſité, & après avoir oüi ledit Jacques Roux Conducteur de ladite eau, & leſdits Conſuls de Grenoble, à ſçavoir, Noble Claude Cot & George de Belines, tant en leurs noms, que dés autres Conſuls & Communauté dudit Grenoble, avec pluſieurs Bourgeois & Habitans de ladite Ville, comparans; leſquels au contraire des faits propoſés par ledit Dubœuf, ont dit & ſoutenu que ledit conduit de ladite eau du Drac nouvellement trouvé par ledit Jacques Roux, comme dit est, *étoit bien & düement entrepris pour le fil & cours d'icelle*, & auquel il falloit infister, attendu que ledit conduit par lequel ledit Roux a propofé de faire préfentement couler ladite eau du Drac, n'eft pas un conduit nouvellement inventé, *mais eft un très-ancien foffé & canal propre & naturel dudit Drac, & qui eft droit & directement rapportant au précédent cours (t) lit de ladite eau du Drac, auquel cours direct elle pourra facilement être conduite par ledit ancien Canal, & y être maintenu jufqu'à la riviere de l'Izere, plus commodément, à moindres frais, & moindre dommage que par un autre lieu,* tellement qu'on doit laiffer la limitation & vifitation alléguée par ledit Dubœuf, principalement pour ce qu'en ladite prétendue vifitation il ne fut pris aucune Conclufion précife, mais fut expreffément dit, que ladite eau feroit conduite par ledit lieu vifité prétendu, ou par un autre plus utile pour le bien de la chofe publique, avec le moindre dommage que faire fe pourroit; difant auffi ledit Roux maître du prix fait, que lorfque ladite prétendue vifitation fut faite, ladite riviere du Drac étoit débordée, & couvroit prefque toute la terre; en telle forte qu'on ne pouvoit avifer & difcerner avec certitude le lieu plus propre & commode dudit conduit; mais du depuis ladite eau a été grandement abaiffée & décrue, comme elle eft encore à préfent; enforte que ledit Roux prix facteur, a très-clairement & évidemment reconnu que ledit foffé ou canal eft

A ij

le lieu propre & très-ancien, par lequel il lui a
femblé que ladite eau doit être conduite ; & partant, il a projetté de la conduire par ledit lieu,
fur la croyance qu'il a que le faifant ainfi, que
ce fera l'utilité du Public, & qu'il ne rapportera
aucun préjudice audit Dubœuf Suppliant & De-
mandeur ; ni à une autre perfonne, attendu l'état
& difpofition dudit Canal ; ce qui rapportera une
grande commodité au Public, préférable à celle
d'un Particulier ; réquerant partant ledit Roux,
que filence fût impofé audit Dubœuf, & que
l'ouvrage commencé par ledit Roux audit nouveau conduit pour la diverfion & cours de ladite
eau du Drac, foit continué & achevé de l'Ordonnance de la Cour, nonobftant l'oppofition
dudit Dubœuf & toutes autres, faites ou à faire
au contraire ; & ledit Dubœuf, à caufe de l'empêchement par lui rapporté audit ouvrage, con-
damné aux dépens, dommages & interêts de ladite Ville de Grenoble, ayant auffi ledit lieu ou
nouveau conduit nouvellement trouvé par ledit
Roux été vû & vifité par M. Mathieu Thomaffin,
Chevalier Confeiller Dalphinal, en l'affiftance de
greges Meffieurs François Portier auffi Confeiller
Dalphinal, Claude de Bolliat & Antoine Valiere,
Lieutenant de la Cour commune, Docteur ès
Loix, & Me Antoine Armanet Procureur Fifcal
Epifcopal à ce appellés, & préfens lefdits Claude
Dubœuf & Jacques Roux Entrepreneur fufdit,
avec les Confuls & plufieurs autres de ladite Ville,
qui demandoient que le cours de ladite eau du Drac

soit mis audit lieu proposé par ledit Roux, à ſçavoir,
entre le tenement dudit Claude Dubœuf, &
certaines autres poſſeſſions joignantes du côté de
Seiſſins, & le pré de Pierre Tiſſibor aliàs Pietre
Eperonier du côté de Grenoble, entre leſquels
eſt & ſe trouve *un certain foſſé ou canal, grande-*
ment ancien & commode pour directement conduire
ladite eau du Drac juſques dans la riviere de l'Izere.
Comme par l'aſpect du Canal l'on connoît clairement, ont pareillement leſdits Sieurs vû & viſité le lieu proposé & aviſé *pour conduire ladite eau*
jouxte la limitation alleguée comme deſſus par ledit
Dubœuf, par lequel lieu, ſi elle étoit conduite, ce ſeroit
lui donner retour; & au contraire il y ſera pourvû,
& à l'indemnité publique, ainſi que de raiſon :
de quoi, je Notaire & Secretaire Dalphinal ſouſ-
ſigné, ai octroyé Acte & Lettres auxdits Conſuls
& Communauté de Grenoble ce requerans :
Fait au lieu que deſſus le premier jour d'Octobre
1460. préſens lès ſuſdits Egreges, Nobles & diſ-
crets Sieurs Claude de Bolliat, & Antoine Vallier
Docteurs, Catelan, Chanterel, Jean le Blanc,
Jean Chaboud Secretaires Dalphinaux, Hugues
Marchi, Jean Guigue, Jean Servient, Hugues
Giraud, & pluſieurs autres témoins de ladite Ville
à ce appellés. Bolliat, Collationné à ſon Origi-
nal par Nous ſouſſignés, Actuier de Vaux.

Du Mercredi vingt-deuxiéme jour de May
1493.

VEu par la Cour de Parlement de Dauphi-
phiné le Refcript du Roy obtenu en cette
Caufe par les Confuls & Habitans de Grenoble :
Vû auffi plufieurs Vifitations & Rapports faits
par les Experts à ce députés , moyennant leur
ferment , & principalement la Vifitation & Rapport nouvellement faits de l'autorité de la Cour
par Pierre Carrad , Jean Girod & Antoine Armanet ; Et oüi le Rapport de refpectable Meffire
Antoine de Mevouillon , Lieutenant du Gouver-
neur de Dauphiné , lequel , après la Vifitation
faite par lefdits Experts , & auffi avec deux des
Seigneurs de ladite Cour vifité ledit lieu : Vû
auffi tout ce que les Parties ont dit & allégué ;
Tout confideré , & afin d'obvier au péril immi-
nent de la préfente Ville ; *Ladite Cour* par fon
Ordonnance & Arrêt a dit , prononcé & prononcé , que ledit Rapport nouvellement & en dernier lieu fait par les fufnommés , fera fuivi &
exécuté , enjoignant à ces fins de faire *un Canal
ou Foffe pour fervir à une perpétuelle diverfion & flux
dudit Drac*, ès lieux défignés au Rapport d'une
largeur & profondeur compétente , *par les Habitans de ladite Ville*; ORDONNANT au furplus que
ledit Sieur Lieutenant avec deux Confeillers de
ladite Cour , fe tranfporteront aux lieux défignés en ladite Vifitation dernierement faite , &

aux endroits spécifiés en icelle : fera mettre &
appofer des marques apparentes *pour la diverfion*
& flux dudit Drac ;Contraigne & faffe contrain-
dre les Habitans de ladite Ville par impofition
& peines, emprifonnement de leurs perfonnes,
& par toute autre voye plus forte que fe pourra,
à ce qu'incontinent & fans aucun délai ils ayent
à travailler *à la conftruction dudit Canal* par les endroits qui leur feront défignés : *pour la diverfion*
dudit Drac, inhibant aux Seigneurs de Saffenage
& de Seiffins, fous peine de cent marcs d'argent
contre le chacun, & à tous autres fous peine de
mort, de troubler par foi ou autres, en quelque
maniere que ce foit, directement ou indirecte-
ment lefdits Habitans de Grenoble, ou leurs
Députés, *en la conftruction dudit Canal* ou Foffé,
ès endroits qui leur feront montrés *pour la di-*
verfion & flux dudit Drac ; INHIBANT auffi
auxdits Habitans de Grenoble, fous femblable peine, *d'étendre leurs bornes pour ladite con-*
ftruction au dé-là des lieux & endroits qui leur fe-
ront défignés par ledit Seigneur Lieutenant, fuivant
le Rapport defdits Experts ; N'ENTENDANT
toutefois ladite Cour d'ôter aux Parties la facul-
té de mettre & appofer refpectivement par icelles ès endroits que bon leur femblera du long le
bord & rivage dudit Canal, *des matériaux, in-*
ftrumens & défenfes pour empêcher le dommage qui
pourroit être fait en leurs fonds par ladite diverfion &
cours dudit Drac, pourvû que tels matériaux &

défenses ne rapportent aucun préjudice, contrainte ou resserrement dudit Canal; en sorte que ledit Drac ne puisse fluer & couler librement & sans empêchement quelconque : Déclare au surplus ladite Cour, que par l'allimonage ou inondation dudit Drac en aucun tems à l'avenir, aucun droit ne puisse être acquis ausdites parties ou à quelqu'une d'icelles : au moyen de quoi ladite eau du Drac ne coule & ne doit couler par ledit Canal qui sera ordonné comme dessus ; DECLARE en outre ladite Cour, que sous prétexte de la diversion & détournement dudit Drac, Elle n'entend aucunement préjudicier ni déroger à la limitation des Terroirs & Mandemens de Grenoble & Seissins, ni mêmement préjudicier à la vérité : Déclarant aussi que *si par ladite diversion & détournement du Drac quelques fonds ou fruits des particuliers sont gastés, ladite Ville sera tenue du dommage envers ceux qui l'auront souffert.* Extrait des Regiftres de la Cour de Parlement, par moi, BEATRIX.

TRANSACTION

TRANSACTION

D'entre le Seigneur de Saffenage & les Confuls de Grenoble.

AU nom de Dieu. Ainfi foit-il. A tous & chacun, par la teneur du préfent public Inftrument foit notoire & manifefte que comme ainfi foit que procès, queftions & vieilles difcordes foient & plus grandes pourroient être à l'advenir pardevant l'infigne Cour de Parlement de Dauphiné entre Magnifique Seigneur Loüis de Saffenage, Seigneur de Saffenage d'une part, & Honorables Hommes les Sieurs Confuls, Confeillers & autres Habitans de la Ville de Grenoble d'autre part ; & ce fur le fujet & occafion de la diverfion & détournement de la riviere du Drac, auxquelles caufes & procès tant auroit été procedé par ladite Cour, que depuis peu Arrêt auroit été rendu de la teneur qui s'enfuit :

Vû par la Cour de Parlement de Dauphiné le Refcript du Roy, &c.

Par lequel Arrêt ledit Seigneur de Saffenage difoit être grevé & partant avoir recouru contre icelui, pour les caufes & raifons contenues en fa Requête civile & autres raifons qui feroient plus amplement déduites ; au moyen de quoi ledit Arrêt ne devoit être mis en exécution, au contraire lefdits Confuls & Confeillers, que ledit Arrêt devoit être executé fans délay, attendu le dommage irréparable que ladite riviere du Drac

B

par fa grande impétuofité rapportoit à ladite
Ville, & menace de rapporter davantage, ainfi
que chacun peut clairement reconnoître par
l'afpect; en forte que c'eft l'interêt général de
pourvoir à l'indemnité de ladite Ville, fur toutes
lefquelles chofes lefdites Parties défirant d'éviter
les embarras & grands frais des Procès, & d'en
accorder;

Pour ce a-t'il été & eft que l'an de notre Seigneur 1493. & le vingt-neuviéme jour du mois
Juin, en préfence de nous Notaires & des témoins fous nommés, perfonnellement conftitués
lefdites Parties, à fçavoir, ledit Magnifique Seigneur de Saffenage, tant en fon nom *que de fes
hommes fujets*, & de fes héritiers & fucceffeurs à
l'avenir, d'une part, & Nobles & Egreges M.
Pierre Chantarde Docteur en Droit, Noël Ma-
teron Secretaire Dalphinal, & Urbain Cot Mar-
chand Confuls, Sieurs Guigues Domenges Docteur ès Droits, Jean Cathon Licencié ès Loix,
François Motet, Pierre Dalphad & Pierre Duport
Confeillers, pour & au nom des Habitans &
Communauté de cette ville de Grenoble, d'autre
part, en fuivant les délibérations & conclufions
dès long-tems fur ce prifes au Confeil de ladite
Ville, ainfi qu'ils difoient; lefquelles Parties, de
leur certaine fcience & franche volonté, non
déçûs, contraints, ni en aucune chofe circon-
venus, ainfi qu'elles difoient par traité amiable de
Réverends, Vénérables, Egreges & Spectables
Meffieurs Aymard de Boiffieux Abbé de S. Pierre
hors la Porte de Vienne, de Jean de Beauvoir

Prieur de Mantoulle, & d'Antoine de Mevouillon Seigneur de Ribierres, Lieutenant du Dauphiné, Hector de la Tour Seigneur de Vatillieu,
Jacques Detheze Seigneur de Sillans, du Sieur
François Marchi Docteur en Droit, Juge & Confeiller dudit Seigneur de Saffenage, & de plufieurs
autres amis; les Parties traitant de toutes lefdites
queftions, procès & différends, ont tranfigé &
accordé en la maniére qui s'enfuit, fans toutefois
déroger, innover ni préjudicier au fufdit Arrêt,
finon, feulement quant au préfent Acte & Con-
trat, ainfi que lefdits Confuls ont expreffément
protefté & réfervé du confentement & volonté
defdits Seigneurs de Saffenage & Lieutenans fufnommés :

Premiérement, ont lefdites Parties tranfigé,
que dorénavant fera & devra être entre les Parties paix, fin, amour & amitié conféderée. Item,
Parce qu'après que ledit Arrêt a été rendu, ci-
deffus inferé; & en exécution d'icelui ledit Spec-
table Seigneur de Ribieres Lieutenant, avec cer-
tains autres Seigneurs Confeillers de ladite Cour
de Parlement fe tranfporterent fur le lieu conten-
tieux, & y ont vifité les endroits efquels il falloit
néceffairement *le Canal & Foffé pour ladite riviere
du Drac*; & pour cet effet, en venant de la
riviere de l'Izere, & montant en deffus *jufqu'au
lieu de Freydine*, ont mis & pofé des branches ou
villons, par la fuite & afpect defquels l'on pourra
commodément faire *ledit Beal ou Canal de ladite
riviere du Drac*; pour cette caufe ont tranfigé que
ladite limitation & appofition de villons demeu-

fera en fon état, & fortira fon effet, excepté
feulement que deux defdits villons qui ont été
plantés vers ledit lieu de Freydine, environ la
fummité de certaines arches nouvellement conftruites par lefdits Habitans de Grenoble, feront
changés & tranfmis dudit lieu auquel ils étoient
plantés, jufqu'à la tête & fummité defdites arches,
pourvû auffi que lefdits villons tiennent & foient pofes
au milieu dudit Canal, & que lefdites arches foient
tranfportées à un autre endroit plus commode, afin
qu'elles n'empêchent le cours dudit Drac, attendu
qu'elles font préfentement au milieu de l'endroit où
ledit Canal doit être fait; defquelles arches les
bois, pierres, croches, & autres attraits, feront & demeureront à celui qui fera ordonné
par ladite Cour de Parlement, pour les conferver
à qui en a le droit. *Item,* Que au-deffus defdits villons pofes audit lieu de Freydine, fera faite entrée
de ladite eau du Drac ou commencement dudit
Beal, qui fera conftruit en l'endroit & en la maniere qui fera ordonnée pour la plus grande utilité
du Public, & *de chacune des Parties* par lefdits Spectables Seigneurs le Lieutenant de Dauphiné & de
Varillieu, avec les Experts non fufpects qui feront
par eux nommés, & que ledit Beal ne fera reçû
ni conduit, finon jufqu'aufdits villons de Freydine, en attendant qu'on ait fait déliberation &
déclaration fur l'entrée de ladite eau, ains feulement jufques aufdits villons de Freydine, comme dit eft, finon toutefois qu'il fut trouvé plus
utile & néceffaire, *n'entendant les Parties préjudicier*
aux Jurifdictions mere & mixte, impaire, moins encore

aux terroirs defdits Seigneurs de Saffenage, Grenoble
& Parifet, par quelque endroit que foit conduite ladite
Riviere du Drac. Item, ont tranfigé que pour le
bien & paix, & pour les dépens & interêts que
le Seigneur de Saffenage a fupporté, ou pourroit à l'avenir fupporter *& fes Sujets*, à caufe de
ladite diverfion de la Riviere du Drac ; & afin
que ledit Seigneur de Saffenage veuille voifiner
avec ladite Ville, lefdits Confuls & Confeillers
pour ce fujet, feront tenus & devront au nom
de la Ville, donner & payer audit Seigneur de
Saffenage, la fomme de fix vingt écus d'or au
coin de France non au Soleil, pour acheter un
Cheval, fauf & réfervé toutefois, fuivant & con-
formément audit Arrêt, que fi par ladite diverfion & détournement, ladite Riviere du Drac
devenoit tellement impétueufe qu'elle outrepaf-
fât les bornes du Beal ou Canal qui doit être
conftruit, *& qu'elle fût divertie & épanchée fur*
les fonds dudit Seigneur de Saffenage & de fes Sujets,
pour lors lefdits Confuls feront tenus d'y rapporter leurs
foins & travaux, fuivant & à la forme dudit Arrêt,
ci-devant inferé & non autrement ni en autre maniere.
Toutes lefquelles chofes ci-devant & après dé-
crites & contenues au préfent public Inftrument
& chacune d'icelles lefdites Parties contractan-
tes aux noms que deffus, ont promis & juré fur
les Saints Evangiles de Dieu corporellement tou-
chés, & fous l'obligation expreffe & hypothéque
fpéciale de tous uns chacuns leurs biens, meu-
bles, immeubles, préfens & à venir quelconques,
avoir agréables, fermes, valables. Icelles atten-

dre, accomplir & inviolablement obferver : Et
fut fait & paffé à Grenoble en la maifon du Gou-
verneur, en la Salle baffe du côté d'Izere, préfens, Vénerens & Spectables les fufdits Sieurs
Arbitres, comme auffi Meffire François de Vien-
nois, Chevalier, noble Georges Flotte, fils du
Seigneur de la Roche-des-Arnauds, Claude
Bouvier de Saffenage, & Jean de la Rivoire Notaire de Grenoble, témoins à ce appellés & requis,
& moi Claude Ventolet, Notaire & Secretaire
d'Alphinal, Habitant de Grenoble; qui en toutes les fufdites chofes pendant qu'elles étoient
faites & paffées comme deffus, ai été perfonnellement préfent, & icelles vû & oüy, être ainfi
faites & d'icelles, avec Honorable homme Jean
Bonnet Notaire d'Alphinal de Grenoble, ai reçû
note, de laquelle nous avons fait fidélement ex-
traire & groffoyer le préfent Inftrument public,
& icelui fouffigné en foi & témoignage de ce
que deffus.

Et moi Jean Bonnet Citoyen de Grenoble,
Notaire public, par autorité d'Alphinale & Secretaire du Confulat de Grenoble, qui ai auffi
été préfent, vû & oüy comme deffus, & fouffigné au préfent Inftrument, Bonnet. Pour copie
extraite de fon original par nous Greffier de la
Cour de Parlement de Dauphiné fouffigné, Ber-
nard Fornet.

Pour Copie, GIRODAT.

De l'Imprimerie de CHARLES OSMONT, rue S. Jacques, à l'Olivier.

ARREST
DU PARLEMENT DE GRENOBLE
Du 23 Juillet 1604.

SUr la Requête préfentée à la Cour par les
Confuls de la ville de Grenoble, tendante
à vérification des Lettres Patentes par eux obtenues de Sa Majefté, en datte du 30 Mars 1604.
pour la levée d'une impofition de quinze fols
pour chacune charge de Vin qui entrera dans
ladite Ville, tant par eau que par terre, à prendre & exiger fur les *Marchands, Cabaretiers &*
Taverniers, tant feulement deſtinée ladite levée à la
réparation de la riviere du Drac.

Vû par la Cour l'Arrêt donné par le Roy en
fon Confeil fur la Requête préfentée par lefdits
Confuls, par lequel avant que pourvoir fur les
fins & Conclufions de ladite Requête, Sa Majefté
a commis l'un des Tréforiers de France en la
Géneralité de ce pays, pour informer fur le con-
tenu en ladite Requête le Procureur des Etats
appellé pour *faire procéder par perfonnes à ce con-*
noiffant, à la vûe & vifitation de la riviere du Drac
& débordement d'icelle, dreffer le dernier projet des
réparations néceffaires à la remettre & contenir dans
fon ancien lit & Canal, avec un état par eftima-
tion des frais & dépenfes qu'il conviendra faire,
donner avis à Sa Majefté des moyens plus com-

modes à la décharge du Peuple ; pour le tout
vû au Conseil de Sa Majesté, avec le plan &
dessein desdites réparations être pourvû, en
datte du 26 Avril 1603. Lettres Patentes de
Commission sur icelui desdits jour & an, signé
de Beaulieu : Requête présentée par lesdits Con-
suls auxdits Trésoriers Généraux, sur laquelle
Me Jean de Franc l'un desdits Trésoriers Généraux auroit été commis pour l'exécution dudit
Arrêt du 6 Juin 1603. les Exploits d'assignation
donnés aux témoins pour la visitation & rapport
de ladite Riviere, signés Chantagne : La procé-
dure dudit Sieur de Franc, contenant le rapport
des Prud'hommes du 23 Juin 1603. fait en l'assis-
tance de l'Avocat Général du Roy, signée par
eux & le Paris écrivant sous eux : L'avis desdits
Sieurs Trésoriers Généraux donné à Sa Majesté
sur la nécessité desdites réparations, frais d'icelle,
en datte du 19 Juillet 1603. Autre Arrêt donné
par le Roy en son Conseil sur le susdit avis, par
lequel Sa Majesté auroit ordonné être faites les
réparations pour empêcher les inondations &
débordemens de ladite riviere du Drac, confor-
mément au Procès verbal dudit Sieur de Franc,
jusqu'à la somme de 5018 1 liv. 4 s. laquelle seroit prise & levée sur l'imposition de 15 sols qui
se levoit ci-devant, & que Sa Majesté auroit ordonné être continuée pendant & durant 18 années consécutives, sur chacune charge de Vin
qui entrera en la ville de Grenoble, tant par eau
que par terre, pour y être vendu par Marchands;

Cabaretiers & Taverniers seulement, & à la
charge de compter desdits deniers en la Chambre des Comptes de trois ans en trois ans sous le
controlle de Pierre Spie Procureur, sans divertir
lesdits deniers à autre usage à peine du double,
& que les Fermes & prix faits des réparations
seront baillées par lesdits Trésoriers Généraux
& autrement, comme est porté par ledit Arrêt,
en datte du 30 Mars 1604. signé le Meliaud : Les
Lettres Patentes de Sa Majesté pour l'exécution
d'icelui desdits jour & an, dûement signées &
scellées : Requête présentée à la Cour par vertu
desdites Lettres, avec les Conclusions du Procureur du Roy & Procureur Général du Roy au
bas qui s'en remettent au bon plaisir de la Cour ;
& tout bien murement considéré :

LA COUR, en laquelle étoient les Gens des
Comptes, en entérinant ladite Requête, a permis la levée de l'imposition de 15 sols pour chacune chargé de Vin qui entrera dans la ville de
Grenoble, tant par eau que par terre pour dix-
huit années mentionnées esdites Lettres, à prendre & exiger sur les Marchands faisant trafic &
commerce de Vin, Cabaretiers & Taverniers
tant seulement ; les autres Habitans de ladite
Ville demeurant exempts, tant pour le Vin *de
leur cru que pour leur Boisson & sans fraude, à la
charge qu'en lesdites 18 années les réparations à
faire pour la riviere du Drac seroient parachevées &
payées, ladite imposition demeurera éteinte & assou-
pie ;* toutes autres permissions ci-devant obtenues

par lefdits Confuls pour femblable levée de 1 5 f. pour chacune charge de Vin en la préfente comprifes, & ordonne que ladite impofition fera baillée à Ferme ou à Recette au meilleur ménage que fera avifé par Me Jean-Baptifte de Simianne & Me Hugues de la Lignon & Gafpard Perinet, auffi Confeillers du Roy, Maîtres Auditeurs en ladite Chambre des Comptes, lefquels font à ce commis, le Procureur Général du Roy en ladite Cour à ce appellé; & feront les Baux à ferme ou recette homologués par la Cour, à peine de nullité, & les deniers employés à contenir ladite riviere dudit Drac en fon ancien Canal, tant d'un côté que d'autre, defquels deniers par même moyen fera compté à la *Coutume pardevant lefdits Commiffaires; fait inhibitions & défenfes aux Confuls de divertir les deniers provenans de ladite Impofition à autres ufages que ceux auxquels ils font deftinés par lefdites Lettres, à peine du quadruple*, & d'en être refponfables en leur propre & privé nom; & foit le tout enregiftré, tant au Greffe de céans que de la Chambre des Comptes. FAIT à Grenoble en Parlement le 23 jour de Juillet 1604. Extrait des Regiftres de la Cour de Parlement de Dauphiné. *Signé* PERRIN, avec paraphe.

Pour Copie, GIRODAT.

De l'Imprimerie de CHARLES OSMONT, rue S. Jacques, à l'Olivier.

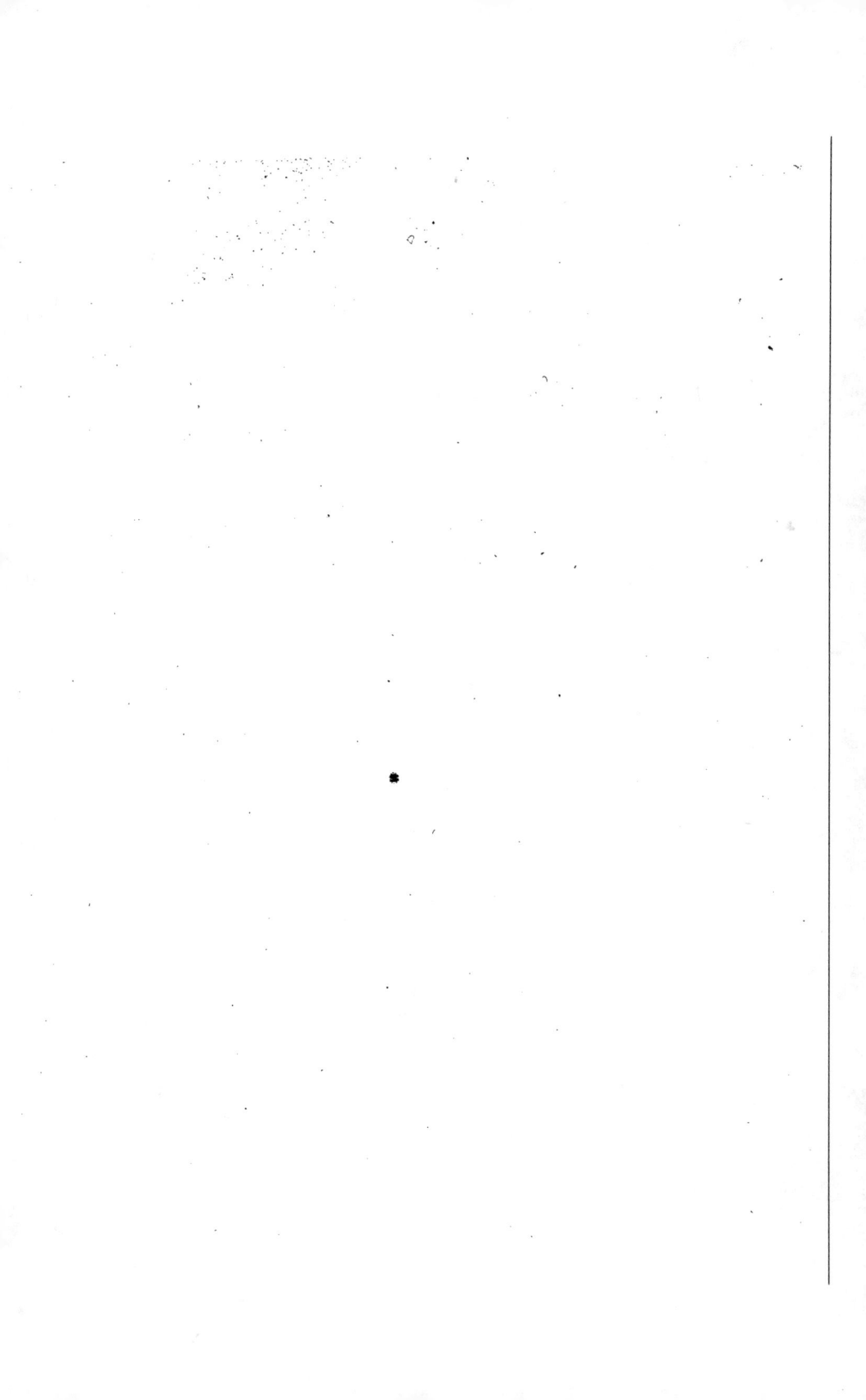

www.ingramcontent.com/pod-product-compliance
Lightning Source LLC
Chambersburg PA
CBHW060803280326
41934CB00010B/2535